AF356108

CONSTITUTION
D'HAYTI.

Nous H. Christophe, Clervaux, Vernet, Gabart, Pétion, Geffrard, Toussaint Brave, Raphaël, Lalondrie, Romain, Capoix, Magny Cangé, Daut, Magloire Ambroise, Yayou, Jean-Louis François, Gérin, Moreau, Férou, Bazelais, Martial Besse.

Tant en notre nom particulier, qu'en celui du peuple d'Hayti, qui nous a légalement constitués les organes fidèles et les interprètes de sa volonté.

En présence de l'Être-Suprême, devant qui les mortels sont égaux, et qui n'a répandu tant d'espèces de créatures différentes sur la surface du globe qu'aux fins de manifester sa gloire et sa puissance par la diversité de ses œuvres;

En face de la nature entière dont nous avons été si injustement et depuis si long-tems considérés comme les enfans réprouvés.

Déclarons que la teneur de la présente Constitution est l'expression libre, spontanée et invariable de nos cœurs et de la volonté générale de nos constituans.

La soumettons à la sanction de S. M. l'Empereur, JACQUES DESSALINES, notre libérateur, pour recevoir sa prompte et entière exécution.

Déclaration préliminaire.

ARTICLE PREMIER.

Le peuple habitant l'isle ci-devant appelée St. Domingue, convient ici de se former en état libre, souverain et indépendant de toute autre puissance de l'univers, sous le nom d'Empire d'Hayti.

ART. 2.

L'esclavage est à jamais aboli.

ART. 3.

Les citoyens haytiens sont frères chez eux, l'égalité aux yeux de la loi est incontestablement reconnue, et il ne peut exister d'autres titres, avantages ou privilèges que ceux qui résultent nécessairement de la considération et récompense des services rendus à la liberté et à l'indépendance.

A

Art. 4.

La loi est une pour tous, soit qu'elle punisse, soit qu'elle protége.

Art. 5.

La loi n'a point d'effet rétroactif.

Art. 6.

La propriété est sacrée, sa violation sera rigoureusement poursuivie.

Art. 7.

La qualité de citoyen d'Hayti se perd par l'émigration et par la naturalisation en pays étranger et par la condamnation à des peines afflictive ou déshonorantes. Le premier cas emporte peine de mort et confiscation de proprietes.

Art. 8.

La qualité de citoyen est suspendue par l'effet des banqueroutes et faillites.

Art. 9.

Nul n'est digne d'être haytien, s'il n'est bon père, bon fils, bon époux et surtout bon soldat.

Art. 10.

La faculté n'est point accordée aux pères et mères de déshériter leurs enfans.

Art. 11.

Tout citoyen doit posséder un art méchanique.

Art. 12.

Aucun blanc, quelle que soit sa nation, ne mettra le pied sur ce territoire à titre de maître ou de propriétaire, et ne pourra à l'avenir y acquérir aucune propriété.

Art. 13.

L'article précédent ne pourra produire aucun effet, tant à l'égard des femmes blanches qui sont naturalisées haytiennes par le gouvernement, qu'à l'égard des enfans nés ou à naître d'elles. Sont aussi compris dans les dispositions du présent article les allemands et polonais naturalisés par le gouvernement.

Art. 14.

Toute acception de couleur parmi les enfans d'une seule et même famille dont le chef de l'état est le père, devant nécessairement cesser, les haytiens ne seront désormais connus que sous la dénomination générique de noir

(3)

De l'Empire.

A r t. 15.

L'Empire d'Hayti est un et indivisible. Son territoire est distribué en six divisions militaires.

A r t. 16.

Chaque division militaire sera commandée par un général de division.

A r t. 17.

Chacun de ces généraux de division seront indépendans les uns des autres et correspondront directement avec l'Empereur ou avec le général en chef nommé par S. M.

A r t. 18.

Sont parties intégrantes de l'Empire, les isles ci-après désignées : Samana, la Tortue, la Gonave, les Cayemites, l'Isle-à-Vache, la Saône et autres isles adjacentes.

Du gouvernement.

A r t. 19.

Le gouvernement d'Hayti est confié à un premier magistrat qui prend le titre d'Empereur et de chef suprême de l'armée.

A r t. 20.

Le peuple reconnait pour Empereur et chef suprême de l'armée, JACQUES DESSALINES, le vengeur et le libérateur de ses concitoyens. On le qualifie de majesté ainsi que son auguste épouse l'Impératrice.

A r t. 21.

La personne de leur majesté est sacrée et inviolable.

A r t. 22.

L'état accordera un traitement fixe à sa majesté l'Impératrice dont elle jouira même après le décès de l'Empereur, à titre de princesse douairière.

A r t. 23.

La couronne est élective et non héréditaire.

A r t. 24.

Il sera affecté par l'état un traitement annuel aux enfans reconnus par sa majesté l'Empereur.

A r t. 25.

Les enfans mâles reconnus par l'Empereur, seront tenus, à l'instar des autres citoyens, de passer successivement de grade en grade, avec cette seule différence que leur entrée au service datera dans la 4e demi-brigade de l'époque de leur naisssance.

ART. 26.

L'Empereur désigne son successeur de la manière qu'il le juge convenable, soit avant, soit après sa mort.

ART. 27.

Un traitement convenable sera fixé par l'état à ce successeur, du moment de son avènement au trône.

ART. 28.

L'Empereur, ni aucun de ses successeurs n'aura le droit, dans aucun cas et sous quelque prétexte que ce soit, de s'entourer d'aucun corps particulier et privilégié, à titre de gardes d'honneur, ou sous toute autre dénomination.

ART. 29.

Tout successeur qui s'écartera ou des dispositions du précédent article, ou de la marche qui lui aura été tracée par l'Empereur régnant, ou des principes consacrés dans la présente Constitution, sera considéré et déclaré en état de guerre contre la société.

En conséquence, les conseillers d'état s'assembleront à l'effet de prononcer sa destitution et de pourvoir à son remplacement par celui d'entr'eux qui en aura été jugé le plus digne, et s'il arrivait que ledit successeur voulut s'opposer à l'exécution de cette mesure autorisée par la loi, les généraux conseillers d'état feront un appel au peuple et à l'armée qui desuit leur prêteront main-forte et assistance pour maintenir la liberté.

ART. 30.

L'Empereur fait, scelle et promulgue les lois, nomme et révoque, à sa volonté, les ministres, le général en chef de l'armée, les conseillers d'état, les généraux et autres agens de l'Empire, les officiers de l'armée de terre et de mer, les membres des administrations locales, les commissaires du gouvernement près les tribunaux, les juges et autres fonctionnaires publics.

ART. 31.

L'Empereur dirige les recettes et dépenses de l'état, surveille la fabrication des monnoyes, lui seul en ordonne l'émission, en fixe le poids et le type.

ART. 32.

A lui seul est réservé le pouvoir de faire la paix ou la guerre, d'entretenir les relations politiques et de contracter au dehors.

ART. 33.

Il pourvoit à la sûreté intérieure et à la défense de l'état, distribue les forces de terre et de mer suivant sa volonté.

ART. 34.

L'Empereur, dans le cas où il se tramerait quelque conspiration contre la sûreté de l'état, contre la Constitution ou contre sa personne, fera desuite arrêter les auteurs ou complices qui seront jugés par un conseil spécial.

ART. 35.

Sa majesté seule a le droit d'absoudre un coupable ou de commuer sa peine.

ART. 36.

L'Empereur ne formera jamais aucune entreprise dans la vue de faire des conquêtes ni de troubler la paix et le régime intérieur des colonies étrangères.

ART. 37.

Tout acte public sera fait en ces termes « l'Empereur Ier d'Hayti et Chef suprême de l'armée, par la grace de Dieu et la loi constitutionnelle de l'état. »

Du conseil d'etat.

ART. 38.

Les généraux de division et de brigade sont membres nés du conseil et le composent.

Des ministres.

ART. 39.

Il y aura dans l'Empire deux ministres et un secrétaire d'état.

Le ministre des finances, ayant le departement de l'intérieur.

Le ministre de la guerre, ayant le département de la marine.

Du ministre des finances et de l'intérieur.

ART. 40.

Les attributions de ce ministre comprennent l'administration générale du trésor public, l'organisation des administrations particulières, la distribution des fonds à mettre à la disposition du ministre de la guerre et autres fonctionnaires, les depenses publiques, les instructions qui règlent la comptablité des administrations et des payeurs de division, l'agriculture, le commerce, l'instruction publique, les poids et mesures, la formation des tableaux de population, des produits territoriaux. Les domaines nationaux, soit pour la conservation, soit pour la vente, des beaux à

ferme, les prisons, les hôpitaux, l'entretien des routes, les bacs, salines,
manufactures, les douanes, enfin la surveillance de la fabrication des monnoyes, l'exécution des lois et arrêtés du gouvernement à ce sujet.

Du ministre de la guerre et de la marine.

ART. 41.

Les fonctions de ce ministre embrassent la levée, l'organisation, l'ins-
pection, la surveillance, la discipline, la police et le mouvement des
armées de terre et de mer; le personnel et le matériel de l'artillerie
et du génie, les fortifications, les forteresses, les poudres et salpêtres, l'en-
registrement des actes et arrêtés de l'Empereur, leur renvoi aux armées
et la surveillance de leur exécution. Il veille spécialement à ce que les
décisions de l'Empereur parviennent promptement aux militaires. Il dé-
nonce aux conseils spéciaux les délits militaires parvenus à sa connaissance
et surveille les commissaires de guerre et officiers de santé.

ART. 42.

Les ministres sont responsables de tout les délits par eux commis
contre la sûreté publique et la Constitution, de tout attentat à la propriété
et à la liberté individuelles, de toute dissipation de deniers à eux confiés.
Il sont tenus de présenter, tous les trois mois, à l'Empereur, l'apperçu
des dépenses à faire, de rendre compte de l'emploi des sommes qui ont
été mises à leur disposition, et d'indiquer les abus qui auraient pû se
glisser dans les diverses branches d'administration.

ART. 43.

Aucun ministre en place ou hors de place ne peut être poursuivi en
matière criminelle, pour fait de son administration, sans l'adhésion formelle
de l'Empereur.

Du secrétaire d'état.

ART. 44.

Le secrétaire d'état est chargé de l'impression, de l'enrégistrement et de
l'envoi des lois, arrêtés, proclamations et instructions de l'Empereur. Il
travaille directement avec l'Empereur pour les relations étrangères, correspond
habituellement avec les ministres, reçoit de ceux-ci les requêtes, pétitions et
autres demandes qu'il soumet à l'Empereur, de même que les questions
qui lui sont proposées par les tribunaux. Il renvoie aux ministres les
jugemens et les pièces sur lesquels l'Empereur a statué.

Des tribunaux.

A R T. 45.

... ne peut porter atteinte au droit qu'à chaque individu de se faire ... à l'amiable par des arbitres à son choix. Leurs décisions seront reconnues ...es.

A R T. 46.

Il y aura un juge de paix dans chaque commune. Il ne pourra connaître d'une affaire s'élevant au de-là de cent gourdes, et lorsque les parties ne pourront se concilier à son tribunal, elles se pourvoiront par devant les tribunaux de leur ressort respectif.

A R T. 47.

Il y aura six tribunaux séans dans les villes ci-après désignées:

A Saint-Marc, au Cap, au Port-au-Prince, aux Cayes, à l'Anse-à-Veau et au Port-de-Paix.

L'Empereur détermine leur organisation, leur nombre, leur compétence et le territoire formant le ressort de chacun.

Ces tribunaux connaissent de toutes les affaires purement civiles.

A R T. 48.

Les délits militaires sont soumis à des conseils spéciaux et à des formes particulières de jugement. L'organisation de ces conseils appartient à l'Empereur qui prononce sur les demandes en cassation contre les jugemens rendus par lesdits conseils spéciaux.

A R T. 49.

Des lois particulières seront faites pour le notariat et à l'égard des officiers de l'état civil.

Du Culte.

A R T. 50.

La loi n'admet point de religion dominante.

A R T. 51.

La liberté des cultes est tolérée.

A R T. 52.

L'état ne pourvoit à l'entretien d'aucun culte, ni d'aucun ministre.

De l'administration.

ART. 53.

Il y aura dans chaque division militaire une administration principale l'organisation, la surveillance appartiennent essentiellement au ministre finances.

Dispositions générales.

ARTICLE PREMIER.

A l'Empereur et à l'Impératrice appartiennent le choix, le traitement et l'entretien des personnes qui composent leur cour.

ART. 2.

Après le décès de l'Empereur régnant, lorsque la révision de la Constitution aura été jugée nécessaire, le conseil d'état s'assemblera à cet effet et sera présidé par le doyen d'âge.

ART. 3.

Les crimes de haute trahison, les délits commis par les ministres et les généraux seront jugés par un conseil spécial nommé et présidé par l'Empereur.

ART. 4.

La force armée est essentiellement obéissante, nul corps armé délibérer.

ART. 5.

Nul ne pourra être jugé, sans avoir été légalement entendu.

ART. 6.

La maison de tout citoyen est un asile inviolable.

ART. 7.

On peut y entrer en cas d'incendie, d'inondation, de réclamation partant de l'intérieur ou en vertu d'un ordre émané de l'Empereur ou de toute autre autorité légalement constituée.

ART. 8.

Celui-là mérite la mort qui la donne à son semblable.

ART. 9.

Tout jugement portant peine de mort ou peine afflictive ne pourra recevoir son exécution, s'il n'a été confirmé par l'Empereur.

ART. 10.

Le vol sera puni en raison des circonstances qui l'auront précédé, pagne ou suivi.

Art. 11.

ut étranger habitant le territoire d'Hayti sera, ainsi que les haytiens,
mis aux loix correctionelles et criminelles du pays.

Art. 12.

Toute propriété qui aura ci-devant appartenu à un blanc français est incon-
tablement et de droit confisquée au profit de l'état.

Art. 13.

Tout haytien qui, ayant acquis une propriété d'un blanc français, n'aura
payé qu'une partie du prix stipulé dans l'acte de vente, sera responsable envers
les domaines de l'état, du reliquat de la somme due.

Art. 14.

Le mariage est un acte purement civil et autorisé par le gouvernement.

Art. 15

La loi autorise le divorce dans les cas qu'elle aura prévus et déterminés.

Art. 16.

Une loi particulière sera rendue concernant les enfans nés hors mariage.

Art. 17.

Le respect pour ses chefs, la subordination et la discipline sont rigoureusement nécessaires.

Art. 18.

Un code pénal sera publié et sévèrement observé.

Art. 19.

Dans chaque division militaire, une école publique sera établie pour l'instruction de la jeunesse.

Art. 20.

Les couleurs nationales seront noire et rouges.

Art. 21.

L'agriculture, comme le premier, le plus noble et le plus utile de tous les
arts, sera honorée et protégée.

Art. 22.

Le commerce, seconde source de la prospérité des états, ne veut et ne
connait point d'entraves.

Il doit être favorisé et spécialement protégé.

Art. 23.

chaque division militaire un tribunal de commerce sera formé dont
seront choisis par l'Empereur et tirés de la classe des négocians.

ART. 24

La bonne foi, la loyauté dans les opérations commerciales seront religieusement observées.

ART. 25.

Le gouvernement assure sûreté et protection aux nations neutres et amies qui viendront entretenir avec cette isle des rapports commerciaux; à la charge par elles de se conformer aux réglemens, us et coutumes de ce pays.

ART. 26.

Les comptoirs, les marchandises des étrangers seront sous la sauve-garde et la garantie de l'état.

ART. 27.

Il y aura des fêtes nationales pour célébrer l'Indépendance, la fête de l'Empereur et de son auguste épouse, celle de l'Agriculture et de la Constitution.

ART. 28.

Au premier coup de canon d'allarme, les villes disparaissent et la nation est debout.

Nous Mandataires soussignés,

Mettons sous la sauve-garde des magistrats, des pères et mères de famille, des citoyens et de l'armée, le pacte explicite et solennel des droits sacrés de l'homme et des devoirs du citoyen.

Le recommandons à nos neveux et en faisons hommage aux amis de la liberté, aux philantropes de tous les pays, comme un gage signalé de la bonté divine qui, par suite de ses décrets immortels, nous a procuré l'occasion de briser nos fers et de nous constituer en peuple libre, civilisé et indépendant.

Et avons signé tant en notre nom privé qu'en celui de nos commettans.

Signés, H. CHRISTOPHE, CLERVAUX, VERNET, GABART, PÉTION, GEFFRARD, TOUSSAINT BRAVE, RAPHAEL, LALONDRIE, ROMAIN, CAPOIX, MAGNY, CANGÉ DAUT, MAGLOIRE AMBROISE, YAYOU, JEAN-LOUIS FRANÇOIS, GÉRIN, MOREAU, FÉROU, BUZELLE, MARTIAL BESSE.

(11)

a présente Constitution,

Nous, JACQUES DESSALINES, Empereur Ier d'Hayti et Ch
suprême de l'armée, par la grace de Dieu et la loi constitutionnelle de l'état.

L'acceptons dans tout son contenu et la sanctionnons, pour recevoir
sous le plus bref delai, sa pleine et entière execution dans toute l'etendue
de notre Empire.

Et jurons de la maintenir et de la faire observer dans son integrité jusqu'au
dernier soupir de notre vie.

Au Palais imperial de Dessalines, le 20 mai 1805, an deuxième de l'indépendance d'Hayti et de notre regne le premier.

DESSALINES.

Par l'Empereur:

Le secretaire général,
JUSTE CHANLATTE.